F*CK LA GENTILLESSE

MANUEL DE SURVIE QUAND ON EST TROP BON (TROP CON ?)

Dr Michael Bennett et Sarah Bennett

Traduit de l'américain par Florence Ludi

Publié avec le soutien de la Région
Languedoc Roussillon Midi Pyrénées

LANGUEDOC ROUSSILLON
LA RÉGION MIDI PYRÉNÉES

www.thierrysouccar.com

ISBN 978-2-36549-211-9

Conception graphique et mise en page : Catherine Julia
Couverture : Atelier Didier Thimonier
Imprimé par France Quercy à Mercuès (France)
N° d'impression : 60894A

Dépôt légal : 4e trimestre 2016

Pour la génération précédente, Claire et le Dr Jacob Bleiberg ainsi que Beatrice et Jacob Bennett. Malgré ce qu'ils ont vécu, ils n'ont cessé de rester fidèles à leurs valeurs et de tout faire pour que nos vies soient bien plus faciles.

Et pour notre ami et mentor légendaire, le Dr Ted Nadelson, qui nous a appris que le meilleur moyen d'aider des personnes à accepter les difficultés de la vie est de les faire rire.

Dès lors qu'il s'agit d'émotions, il n'est pas question de ce qui « devrait » ou « ne devrait pas » être. Celles-ci font intimement partie de nous et échappent à notre contrôle. Lorsque nous aurons compris cela, il nous sera plus facile de faire des choix constructifs vis-à-vis de ces émotions.

FRED ROGERS[1],
The World According to Mister Rogers:
Important Things to Remember

1 Fred Rogers, mort en 2003, était un célèbre animateur américain, producteur de télévision, acteur, compositeur et scénariste. [NdT]

SOMMAIRE

Que voulez-vous vraiment ?

BEAUCOUP LISENT DES GUIDES DE DÉVELOPPEMENT personnel dans l'espoir d'aller mieux ou vont voir un psy car, malgré tous leurs efforts, ils n'arrivent pas à régler leurs problèmes. Ils sont déprimés, angoissés, minés par des pulsions autodestructrices ou une relation conflictuelle, trop gros, trop maigres, etc. Ils espèrent un conseil ou une thérapie qui soulagera leur souffrance, renforcera leur self-control ou leur permettra de renouer avec un proche. Une recette miracle en quelque sorte.

Avec la F*ck thérapie, vous découvrirez l'approche, plus réaliste, du Dr Lastname[2]. En fait, le pseudonyme de

2 Jeu de mots, *last name* signifiant nom de famille en anglais. [NdT]

vos serviteurs : le Dr Michael Bennett, psychiatre diplômé de Harvard qui, en quarante ans, a guéri des centaines de patients souffrant de relations conflictuelles, de troubles du comportement ou de maladies psychiques rebelles à tout et Sarah Bennett, sa fille, auteur de sketches satiriques pour le Upright Citizens Brigade Theatre de New York.

Après avoir observé la différence entre ce que quelqu'un attend d'une thérapie et ce qu'il en retire, je (Dr Bennett) suis convaincu qu'en réalité beaucoup se voilent la face. Ces personnes qui demandent de l'aide – et tablent sur la résolution de leurs problèmes – ne voient pas que bien des choses dans la vie, chez les autres ou dans leur propre personnalité, ne peuvent être changées. Elles se considèrent comme des losers ou des personnes en quête de sens, incapables de vivre vraiment tant qu'elles n'ont pas trouvé une solution à leur problème. Cramponnées à l'idée qu'il existe forcément un remède, elles en viennent à s'interroger sur ce qu'elles, ou leur psy, ont bien pu faire pour foirer la thérapie. Hélas, trop de thérapeutes souhaitent tellement aider leurs patients à exaucer leurs vœux qu'ils confortent leurs faux espoirs. Pas moi.

La F*ck thérapie va droit au but. Elle affirme que, bien souvent, vous ne vous êtes pas planté. Inutile donc de redoubler d'efforts ou d'espérer plus longtemps une amélioration. Il faut accepter que la vie est difficile et que vos efforts vains en apparence sont en fait précieux pour identifier ce que vous ne pouvez pas changer – à propos de votre personnalité, comportement, de votre conjoint, enfant, boss, pays, de votre chien, de vos émotions, etc. La F*ck thérapie vous montre ensuite comment mieux affronter les problèmes inextricables du quotidien sans chercher par tous les moyens à y remédier. Si vous êtes prêt à l'admettre, vous trouverez dans notre collection de livres de nombreuses suggestions pour mieux faire face à tout ce qui vous perturbe – en commençant par arrêter de ressasser ce qui ne marche pas.

Vous aimeriez peut-être cesser d'aimer ou de haïr telle ou telle personne, ne plus éprouver le besoin de boire ou de vous droguer, ne plus avoir le blues ou encore que votre conjoint, enfant ou parent soit différent de ce qu'il est. Mais au moment où vous cherchez de l'aide, il est généralement évident que tout n'est pas réalisable. Pourtant, vous avez voulu y croire. Comprenez que vous ne pourrez pas évoluer, ni être aidé(e) tant que vous ne l'admettrez pas, tant que vous ne prendrez pas sur vous et transformerez votre désir farfelu en un objectif réaliste.

Acceptez ce qui est. Une dépression est souvent chronique et incurable. Alors acceptez-le pour cesser de culpabiliser parce que vous ne réussissez pas à vous en sortir. Arrêtez les traitements inefficaces. Adoptez toutes les mesures positives qui contribuent à mieux vivre avec votre maladie ou ce qui vous mine. Acceptez que certaines pertes *sont* douloureuses pour cesser de vous morfondre. Vous aurez toujours le cœur lourd, mais vous pourrez enfin aller vers une vie plus légère. Acceptez que des pulsions vous poussent vers des comportements, des partenaires sexuels ou des substances néfastes, que rien, qu'aucune introspection, ne pourra modifier. Arrêtez de vous demander pourquoi vous n'êtes pas parfait et faites en sorte que vos faiblesses ne vous transforment pas en un handicapé de la vie.

Grâce à ce livre, vous découvrirez que vous êtes bien moins responsable de vos malheurs que vous ne le croyez. Des méthodes qui ont fait leurs preuves vous permettront de tirer le meilleur parti de votre vie (vous ne les utilisiez pas car vous étiez davantage préoccupé par vos vœux chimériques que par la résolution de vos problèmes).

Nous ne vous garantissons pas le bonheur – plutôt le contraire. Nous vous livrons des méthodes pour affronter avec force et fierté les inévitables épreuves de la vie. Il n'est pas question de dénigrer le bonheur, il s'agit de ne pas se sentir responsable de ce qui ne dépend pas de vous. Dans la vraie vie, les émotions ne font pas la loi, il y a tant de choses sur lesquelles on n'a aucune prise et accepter ses limites, accepter qu'on ne peut pas s'améliorer indéfiniment, voilà la clé pour aller de l'avant et parer à toutes les crasses de la vie. Vous surmonterez ainsi les aléas de l'existence avec une force et un amour-propre décuplés.

On ne peut donc pas vous dire comment renouer une relation rompue depuis des lustres avec un parent hargneux, transformer votre petit ami invivable en un mec super-attentionné ou obtenir le respect de votre chef – parce que personne ne le peut. L'unique ouvrage qui pourrait vous apprendre à modifier la manière de penser d'autrui est un manuel de lobotomie ! Par contre, on vous montrera comment surmonter les déceptions, les rancœurs et/ou le manque d'affection qui en découlent pour y faire face avec réalisme.

En établissant de justes limites, vous pourrez restaurer des rapports paisibles avec un parent difficile. De même, en définissant de justes critères, vous éviterez de choisir un salaud comme petit ami. Et avec des attentes réalistes, vous effectuerez votre boulot malgré un patron infernal ou, mieux encore, vous trouverez un meilleur job. La F*ck thérapie ne vous berce pas d'illusions et ne promet aucun *happy end*, mais donne des moyens concrets pour renoncer à changer ce qui ne peut l'être et faire de son mieux avec ce qu'on contrôle vraiment.

Ce livre comporte des encadrés et des entrefilets comme celui-ci pour que moi, Sarah, je puisse m'amuser :

Mauvaise résolution	Bonne résolution
Être au top du top !	Apprendre à accepter que « je » n'aie pas à être toujours à 200 % et que c'est bien comme ça.
M'aimer enfin !	Aimer l'effort que je fais pour m'accepter tel(le) que je suis.
Ne jamais, jamais boire !	Toujours faire de mon mieux pour résister à un délicieux alcool.

La vie *est* cruelle et injuste. La F*ck thérapie pense donc que la grossièreté est une source de réconfort, de lucidité et de force qui permet d'exprimer de la colère sans culpabiliser, de ne pas broncher en cas de douleur et de se montrer déterminé sans sentimentalité. En revanche, nous ne tolérons pas l'emploi révérencieux de mots obscènes comme « juste » ou « émotions ».

Chaque livre de cette collection traite des désirs habituels de tous ceux qui espèrent résoudre un problème, comme la solitude, une mauvaise opinion de soi ou un conflit, et explique quelle part est irréalisable. À l'aide de plusieurs cas de figure, nous vous montrons comment définir les limites de ce qui est possible et fixer des objectifs réalistes, et nous vous donnons une méthodologie pour les atteindre. De façon répétée, parce que vous avez besoin de l'entendre, nous vous rappellerons de vous respecter dans votre manière de réagir face à un coup de malchance, et non de vous respecter pour votre chance. Enfin, un titre de la collection vous fournira des informations pour trouver la thérapie qui vous convient.

Là où les autres livres de développement personnel garantissent la voie vers un bonheur assuré, la collection *F*ck* affirme qu'une telle voie n'existe pas. *F*ck* promet en revanche qu'aucune situation n'est insurmontable dès lors qu'on conserve le sens de l'humour, qu'on adapte ses désirs à la réalité, qu'on évite les débordements émotionnels et tout comportement déplacé, et qu'on fait ce qui nous paraît juste.

À ceux qui espèrent qu'un de ces nombreux psys, dégoulinants d'optimisme, qui passent à la télé, leur donnera le secret pour être heureux, nous disons fuck le bonheur. Fuck le développement personnel, l'estime de soi, l'injustice, la gentillesse et tout le tintouin. Si vous nous suivez, vous entrerez dans la vraie vie, vous trouverez une solution réaliste à vos problèmes – et tout ça dans cette collection.

Fuck la gentillesse

Le dévouement est considéré comme le summum de la bonté, mais attention ! Il faut savoir que s'il nous procure des sensations agréables, il n'en est pas moins potentiellement dangereux, au même titre que, par exemple, cette autre source de sensations très agréables qu'est l'héroïne.

En fait, les actions en apparence altruistes comportent toujours un risque élevé de faire empirer les choses, même si à en croire la plupart des leaders religieux, thérapeutes, politiques et autres bonnes âmes professionnelles, on ne peut jamais trop en faire pour aider son prochain. Et pourtant, Dieu sait que l'Histoire fourmille d'exemples de gens — des missionnaires aux armées de conquête en passant par les concepteurs de cet antalgique surpuissant qu'est l'oxycodone — dont, malgré leurs excellentes intentions, l'aide s'est parfois avérée mortelle pour leurs malheureux « bénéficiaires ».

Ce qui pose problème, c'est que quand on veut aider les autres, on veut généralement aussi les changer, que ce soit possible ou non, et coûte que coûte. Certaines âmes charitables parmi les plus motivées ont ainsi marqué les esprits pour avoir *tué* des gens *dans le but de les sauver* de la perdition spirituelle, mais s'il est nécessaire de prendre une vie pour sauver une âme, vous conviendrez qu'il y a quelque chose qui cloche sévère dans le système.

Ceci étant dit, il est vrai que les autres ont parfois besoin de notre aide. Et à cet égard, nous avons une responsabilité particulière envers nos proches. Mais comprenez bien que beaucoup d'entre nous ont un genre d'interrupteur dans le cerveau dès qu'il s'agit de faire une B.A. : lorsqu'il est sur ON, nous nous sentons responsables de tout ce qui arrive à nos protégés, et coupables dès que nous ne faisons pas ce qui pourrait s'avérer utile; mais lorsqu'il est sur OFF, tant pis pour eux, nous nous en lavons les mains sans le moindre sentiment de culpabilité.

Personne n'aime s'engager à demi, car ce n'est pas rassurant : cela tend non seulement à laisser dans le flou ce que nous sommes supposés faire, mais, de plus, ne règle pas la question de savoir si nous en avons fait suffisamment. Malheureusement, nous sommes rarement dans la situation confortable de pouvoir, sans hésiter, prendre une décision ON/OFF ou tout noir/tout blanc, et la vie se joue plutôt dans des zones de gris où il vaut mieux agir moins et réfléchir davantage.

Aider autrui n'importe comment — sur une impulsion irréfléchie — peut donner de mauvais résultats pour plusieurs raisons : parce que ça part dans une mauvaise direction, fait un mauvais usage des ressources disponibles, et/ou comporte des dangers potentiels. Certes, il est noble de faire des sacrifices en faveur de quelqu'un d'autre, mais pas lorsque l'utilité potentielle de notre altruisme pèse peu comparé aux risques qu'il implique. Par nature, la plupart des bons Samaritains se désintéressent totalement des analyses coûts-bénéfices, vivant uniquement pour se rendre utile et méprisant les gestionnaires de risques qu'ils considèrent comme des sans-cœur égoïstes et timorés. Ces croisés de l'abnégation n'hésiteraient pas à sacrifier toutes les ressources de leur famille si l'un de leurs enfants était atteint d'une maladie incurable, et ce, quel qu'en soit l'impact sur la santé et le bien-être de leurs autres enfants dont les chances de grandir dans de bonnes conditions diminueraient avec chacun de leurs actes si merveilleusement altruistes.

Nous vous conseillons instamment de résister aux sirènes du dévouement ainsi qu'à l'euphorie qu'il génère — à moins que vous soyez capable de garder à l'esprit qu'il peut engendrer aussi de (gros) dégâts. Il existe des méthodes permettant de maîtriser ce puissant désir et son cortège de dangers. Si vous êtes prêt(e) à suivre nos conseils pour être vous-même davantage en mesure d'aider autrui, cet ouvrage est fait pour vous.

CHAPITRE 1

Ce malencontreux besoin de faire le bonheur d'autrui

Il existe mille manières de soulager une personne. Un extrême est, mettons, de lui faire don d'un rein ; l'autre extrême est le simple fait de rester à ses côtés quand elle va mal et de lui redonner le sourire. Quand on ne peut pas aider autrui matériellement, on peut au moins essayer d'alléger ses peines et ses souffrances.

Nombre d'entre nous se sentent à 100 % responsables du bonheur de leurs proches — soit parce qu'ils ont une forte tendance à se comporter comme des saint-bernard, soit parce qu'ils se sentent automatiquement coupables lorsque quelque chose ne va pas —, et ne peuvent être heureux que quand tout le monde va bien autour d'eux.

On peut avoir besoin d'aider autrui à se sentir bien pour se sentir bien soi-même, parce que soulager est le but de son métier, parce qu'on est dans un trip d'autoflagellation ou encore parce qu'on a besoin de satisfaire ses besoins d'altruisme. Mais ce qu'il y a de triste dans la vie, c'est que nous sommes souvent incapables d'aider quelqu'un d'autre à se sentir mieux — quels que soient notre motivation, nos sentiments à son égard ou notre engagement concret.

Ainsi, il faut savoir qu'il existe des personnes qui souffrent en permanence, pour ainsi dire *par essence* : soit à cause d'un deuil, soit à cause d'un handicap physique ou mental, soit parce qu'elles ne peuvent pas s'empêcher de se nuire à elles-mêmes, etc. Or, si ni elles-mêmes, ni leurs proches, ni leur psy n'ont pu alléger leur souffrance, il y a peu de chances que vous y parveniez, *vous*.

Il ne suffit pas de se charger d'une responsabilité, fut-ce pour une excellente raison, pour pouvoir être réellement utile. Cela risque juste de rendre les choses plus difficiles pour tout le monde, car le fait de ne pas pouvoir aider va vous accabler — ce qui ne sert à rien, et ajoute en plus du malheur au malheur.

Afin de définir un objectif constructif et atteignable — et non risqué et épuisant —, il est impératif que vous sachiez reconnaître quand il n'est pas en votre pouvoir de rendre quelqu'un heureux, même si vous le désirez de tout votre cœur. Acceptez cela, arrêtez de vous croire responsable du bonheur de tout le monde et vous finirez par vous sentir mieux, même si ce n'est pas le cas des autres.

TEST

Voici quelques ressources dont vous aimeriez disposer pour alléger les souffrances de l'humanité ■ ■ ■

■ ■ ■ la capacité à aider les autres à se sentir mieux ou, du moins, à ne pas paraître en permanence au bord du suicide ;

■■■ une liste de psys qui ne relâchent pas leurs patients tant qu'ils ne se sentent pas mieux ;

■■■ le nom d'un antidépresseur, d'une psychothérapie ou d'une vidéo qui booste le moral, garantis « satisfait(e) ou remboursé(e) » ;

■■■ le talent de faire comprendre aux autres qu'il n'est pas de votre ressort de les rendre heureux.

LA LISTE DE VOS ENVIES

Parmi les souhaits les plus fréquemment exprimés par les personnes qui ont besoin de secourir les autres :

- trouver des mots, des gestes ou une thérapie pour permettre à quelqu'un de se sentir enfin mieux après une kyrielle de tentatives ratées ;
- faire comprendre à quelqu'un de malheureux qu'elles ont fait de leur mieux pour l'aider et qu'à présent, c'est à lui/elle de s'aider tout(e) seul(e) ;
- amener quelqu'un de malheureux à changer les comportements qui le/la plombent ;
- se sentir moins coupables et moins démunies face à leur incapacité à aider.

Trois exemples parmi tant d'autres :

« *Je ne supporte pas de voir mon fils de dix-sept ans dépressif et de ne pouvoir rien faire pour soulager sa souffrance. L'aider à être mieux dans sa peau est la priorité n° 1 pour ma femme et moi, mais rien de ce que nous avons pu faire n'a marché jusqu'à présent. Le médecin lui a diagnostiqué une dépression, mais n'a pas trouvé de médicament pour le soigner, et son psy dit qu'il n'arrive pas à trouver les causes profondes de son mal-être. Mon fils aime me taquiner en disant que j'ai si mauvaise mine qu'il se désole de me déprimer avec sa dépression — mais le fait est que je me fais énormément de souci. Ce que je veux, c'est pouvoir faire quelque chose — n'importe quoi — pour venir en aide à mon fils.* »

« *Pendant des années, j'ai eu de très bonnes relations avec ma mère, mais depuis quelque temps, elle perd de plus en plus la tête et quand je la vois, je ne sais absolument pas quoi faire. Elle est convaincue que des gens s'introduisent dans son appartement et la volent, et se plaint que je ne fasse rien pour l'aider. En plus, elle a déjà fait plusieurs chutes graves, mais refuse de prendre une canne. Elle est angoissée et se sent abandonnée, et je ne peux rien faire. Son avocat m'a dit que tant qu'elle n'était pas franchement handicapée, je ne pouvais pas la forcer à prendre un traitement ni à la placer en institution. Ce que je voudrais, c'est alléger les souffrances de ma mère et empêcher qu'elle ne se mette en danger.* »

« *J'ai affreusement peur que mon ex-copain se suicide et que ce soit de ma faute. Je sais qu'il avait déjà souffert de dépression avant qu'on sorte ensemble, mais après que je l'ai quitté, il m'a dit qu'il voulait se suicider et qu'il buvait comme un trou tous les soirs. Je l'ai supplié d'aller voir quelqu'un, mais il dit que la seule chose qui lui fait un peu de bien, c'est parler avec moi. C'est affreux pour moi de le voir souffrir, mais je ne veux pas me remettre en couple avec lui. J'espérais que nos conversations téléphoniques pourraient le persuader d'arrêter de boire et d'aller voir un psy, mais il dit que ces conversations sont la seule chose qui le retienne à la vie. Ce que je veux éviter à tout prix, c'est qu'il se suicide et que j'en sois responsable.* »

Attention cercle vicieux! Ne pas pouvoir vous empêcher de vous sentir responsable du bonheur ou du bien-être de quelqu'un peut amener *ce quelqu'un* à se sentir coupable de ne pas aller mieux et *vous* amener à vous sentir coupable de ne pas améliorer sa situation, ce qui finira par épuiser les ressources de toutes les personnes concernées. Une fois arrivé(e) à ce point, la seule personne à qui vous aurez apporté quelque chose sera le barman du coin — ou votre psy si vous en avez un.

Et il n'est pas impossible que pour couronner le tout, vous finissiez par ressentir de la colère non seulement contre la personne que vous vouliez aider, mais aussi contre vous-même — justement parce que vous êtes en colère — et contre n'importe qui d'autre qui n'a pas su empêcher ce désastre. Si vous n'êtes pas capable de reconnaître quand il faut renoncer à vouloir secourir autrui, vous risquez de vous trouver pris(e) dans une spirale de colère, de culpabilité et de thérapie — qu'il s'agisse d'une cure réelle ou d'une « thérapie » de type liquide. Avec pour résultat d'être vous-même celui ou celle que tout le monde se sentira obligé d'aider. Implosion du monde. Rideau.

NE VOUS PRÉCIPITEZ PAS

Avant de vous charger de la responsabilité des émotions douloureuses de quelqu'un d'autre, demandez-vous si vous pouvez faire quelque chose qui soit réellement utile, réellement à votre portée (n'oubliez pas que vous avez sans doute déjà quelques autres responsabilités, familiales ou autres), et que personne ne soit mieux à même que vous de faire ce quelque chose (y compris celui ou celle à qui vous cherchez à venir en aide).

Les réponses à ces questions vous permettront de décider si l'objet de votre sollicitude fait bien tous les efforts possibles, par exemple pour supporter des douleurs chroniques ou autre. Au lieu d'avoir mauvaise conscience parce que vous ne pouvez rien faire pour l'aider, ou de vous demander pourquoi il ne se prend pas lui-même mieux en main (et de vous énerver ou de vous désespérer subséquemment...), apprenez à prendre en compte la valeur de vos efforts respectifs et à profiter du fait de vivre ensemble une vie somme toute plutôt satisfaisante malgré lesdites douleurs chroniques (ou autre). Réjouissez-vous de chaque petite victoire au lieu de ressasser vos grandes défaites.

Accordez-vous encore plus de reconnaissance si la personne que vous voulez secourir est à la fois passive, exigeante et impossible à satisfaire. Veillez à vous protéger, à respecter vos besoins et vos limites et à ne pas négliger vos autres obligations. Et accordez-vous une médaille : vous l'avez bien méritée !

Vous pensez que votre plus grosse médaille, c'est celle que vous pourriez gagner en aidant une personne désespérément malheureuse, qui vous serine que vous êtes sa seule raison de rester en vie. Mais que vous soyez son ex-conjoint, son enfant ou son/sa thérapeute, sachez que si vous acceptez la responsabilité de « sauver » quelqu'un du désespoir, vous allez tomber en esclavage. En effet, la seule personne à même de sauver la vie de quelqu'un de désespéré *n'est autre que lui-même*, et le premier pas qu'il puisse faire vers la guérison est de lâcher la grappe de ceux qu'il aime. C'est peut-être moche, mais c'est ainsi.

Tant que vous n'acceptez pas d'être responsable de la misère existentielle d'autrui ni n'essayez de transférer cette responsabilité à quelqu'un d'autre, vous restez libre d'évaluer ce qui compte le plus (à savoir : toutes les personnes impliquées font-elles de leur mieux avec les moyens dont elles disposent ?), et donc de les respecter pour cela.

Et puis, il ne faut jamais oublier que la tristesse et le malheur sont, tout bonnement, partie intégrante de la vie. Quand ils produisent, chez la personne qui en souffre, de la pensée négative et de la mauvaise conscience, il est bon de lui exprimer votre admiration pour tout ce qu'elle parvient néanmoins à réussir, ce qui peut l'aider à combattre ses pensées négatives.

Vous n'arriverez peut-être pas à rendre cette personne heureuse, mais vous pourrez peut-être l'aider à conserver/retrouver son estime d'elle-même, et transformer un cercle vicieux en cercle vertueux.

DIAGNOSTIC EXPRESS

Ce que vous voudriez (mais faut pas rêver !) :

- voir une expression de bonheur sur le visage de vos proches ;
- être toujours capable de remonter le moral des autres ;
- croire que pour n'importe quel problème, il existe un traitement 100 % efficace ;
- avoir foi en la capacité de tout individu à se sentir bien dès l'instant qu'il prend soin de lui-même et médite/fait du yoga/observe un régime sans gluten, etc.

Ce que vous pouvez réellement faire :

- reconnaître que vous avez fait tout ce que vous pouviez pour rendre quelqu'un heureux ;
- apprendre à accepter le malheur au lieu de le fuir ou de vouloir trouver à tout prix un bouc émissaire ;
- rendre hommage aux personnes qui restent fidèles à leurs valeurs malgré leur malheur.

Comment y parvenir :

- voyez ce qui peut s'avérer utile et faites-en votre part;
- si un changement de comportement est nécessaire, évaluez objectivement s'il est réalisable;
- mettez fin aux traitements qui n'ont pas fait leurs preuves;
- encouragez les personnes qui vont mal à garder leurs habitudes de vie autant que le permettent leurs symptômes;
- apprenez aux gens à combattre les pensées négatives à l'aide des méthodes ci-dessus.

Ce que je vous conseille de dire ou d'écrire ▪▪▪

▪▪▪ à quelqu'un/vous-même lorsque vous êtes taraudé(e) par le besoin de sauver votre prochain dans le malheur :

Cher/Chère [moi/membre de ma famille/pauvre petit salopard dans le malheur],

Je ne peux pas voir quelqu'un qui me tient à cœur [souffrir/pleurer/se noyer dans le malheur/rater sa vie] sans penser qu'il y a nécessairement une solution et que je dois pouvoir la trouver si je [me donne plus de mal/fais le pèlerinage de Lourdes/dégote assez d'argent pour faire une psychanalyse]. Pourtant, je sais bien que ce n'est pas vrai. Je vais donc faire mon possible pour apaiser tes souffrances en [étant un(e) bon(ne) ami(e)/m'affublant d'une perruque arc-en-ciel/me mettant à faire des concerts de pets pour te faire rire], et si mes efforts ne portent pas les fruits escomptés, je ne nous critiquerai pas, ni toi, ni moi. Je te saurai gré de continuer à [te laver tous les jours/sortir les poubelles/te lever le matin].

QUELQUES TRUCS DÉBILES QUE NOUS AVONS TENDANCE À DIRE ■■■

■■■ pour « remonter le moral » de quelqu'un de déprimé, et leurs variantes réellement utiles

Débile ■■■	Pourquoi c'est débile ■■■	Utile ■■■
Allez, ressaisis-toi ! Un peu de volonté, voyons !	La dépression est une maladie au même titre que le cancer, et personne n'aurait l'idée de guérir une tumeur à grands coups de volonté ! Offrez à l'autre de la compréhension, pas des reproches.	Pas trop mauvais ton moral, aujourd'hui ?

Débile	**Pourquoi c'est débile**	**Utile**
Comment se fait-il que nous ne connaissions pas la cause de ce problème ?	Rechercher la cause d'une souffrance, loin de permettre la guérison, sert surtout à générer de nouveaux reproches. Concentrez-vous sur les moyens de supporter la souffrance plutôt que sur ses causes.	Est-ce que tout va bien ?
Ça me rend malade de te voir dans cet état.	Rendre une personne dépressive responsable de votre souffrance est à peu près aussi constructif que lui donner un coup de poing dans l'estomac. Au lieu de la montrer du doigt, vous feriez mieux de lui tendre la main.	Est-ce qu'il y a quoi que ce soit que je puisse faire pour toi ?

Ce malencontreux besoin… :

Débile	Pourquoi c'est débile	Utile
Es-tu sûr(e) qu'on s'occupe bien de toi ?	Là encore, vous rendez la personne coupable de sa souffrance, comme si elle n'était même pas capable de choisir correctement son médecin.	Y a-t-il quelque chose qui te rende vraiment service ?
C'est tellement injuste que tu doives souffrir comme ça !	Une personne vraiment dépressive risque de continuer cette phrase par « donc il vaut mieux que je me suicide ». Restez positif(-ve) : acceptez l'injustice de la souffrance au lieu de la mettre en avant.	Ça doit te demander un sacré effort de supporter une mauvaise journée !

CHAPITRE 2

Sauver un proche de la dépendance

NOUS VOULONS TOUS CE QU'IL Y A DE MIEUX pour ceux que nous aimons. C'est pourquoi notre première réaction instinctive face à leur dépendance à l'alcool ou à la drogue est d'exprimer notre souci, de demander à la personne concernée s'il y a un problème, et d'insister pour qu'elle se fasse soigner. Et si elle accepte de suivre une cure de désintoxication, nous voilà heureux et fiers comme si nous avions gagné au loto !

Mais s'il nous faut discuter en permanence, ou si la personne a tendance à faire n'importe quoi lorsqu'elle a bu ou pris des drogues, nous nous mettons en colère contre elle — avant d'avoir des remords. Tout le monde est d'accord pour reconnaître que le seul moyen contre la dépendance et contre notre malaise est la cure de désintoxication qui, à l'instar de la pommade prescrite contre les éruptions que l'on peut attraper au cours de rapports sexuels inconsidérés, est censée régler rapidement le problème.

Malheureusement, étant donné la façon dont la plupart des gens réagissent quand on leur donne des conseils de ce genre (et le fait qu'en réalité, ce traitement peut être inefficace, notamment lorsqu'il n'est suivi que pour faire plaisir à quelqu'un), pousser un toxico à se faire soigner est souvent contre-productif.

En effet, d'une part, à force d'insister, vous allez finir par faire croire à la personne dépendante (et à votre entourage) que le problème n'est pas son addiction, mais *votre* façon de l'appréhender. Du coup, au lieu d'avoir pour but de faire un point sur sa situation et d'améliorer ce qui doit l'être, elle va chercher à vous faire plaisir ou à vous faire changer d'avis. Autrement dit, elle va se sentir responsable de votre bien-être émotionnel — tandis que vous vous sentez responsable de son salut : résultat, sa propre responsabilité à s'occuper de son bien-être et à se contrôler passera à la trappe.

Par ailleurs, si la personne dépendante accepte de se faire soigner uniquement pour vous faire plaisir, non seulement il y a peu de chances que le traitement marche, mais en plus, elle risque fort de vous faire porter le chapeau en cas d'échec dudit traitement —et vous vous retrouverez encore plus en colère et démuni(e) qu'avant. En d'autres termes, en essayant de convaincre à tout prix quelqu'un de se faire soigner, vous risquez de déclencher un cercle vicieux susceptible d'exacerber les conflits… et la consommation d'alcool ou de drogues de l'objet de votre sollicitude.

Heureusement, il existe une meilleure méthode pour parler d'un problème de dépendance avec la personne concernée (ou pour déterminer si la consommation d'alcool ou de drogues de quelqu'un est problématique), et elle n'implique aucune responsabilité, qu'elle soit d'ordre émotionnel ou autre. Tout d'abord, il vous faut accepter qu'*il n'est pas en votre pouvoir de sauver qui que ce soit d'une addiction* — oui, je sais, c'est difficile et douloureux.

Gardez pour vous les émotions violentes, angoisse et colère comprises. Cela vous permettra peut-être d'aider efficacement la personne concernée, sans risquer de la faire souffrir pour autant.

Essayez de trouver un bon psy ou un groupe d'entraide pour parents et proches de toxicomanes, pour apprendre à contrôler votre syndrome du saint-bernard. Sans doute y a-t-il vraiment des choses utiles que vous puissiez faire, mais *pas avant d'avoir appris* à vous protéger de l'épuisement, à ne pas sous-estimer ni surestimer une dépendance, et à ne pas favoriser par inadvertance les comportements addictifs. Ce n'est qu'alors que vous serez en mesure, au lieu de chercher des coupables et d'être la proie de l'anxiété, d'utiliser un langage objectif pour décrire les problèmes à résoudre et indiquer les conséquences qu'entraînerait leur non-résolution.

Et vous ferez par-dessus le marché un cadeau vraiment utile à ce(tte) toxico qui vous tient à cœur : le pouvoir de se sortir lui/elle-même de son problème.

TEST

Voici quelques-uns des pouvoirs salvateurs que vous aimeriez posséder ■ ■ ■

■ ■ ■ savoir venir à bout du déni pour faire comprendre même au toxico le plus aveugle quelle cochonnerie il consomme ;

■ ■ ■ aimer d'un amour tel qu'il convaincrait n'importe quel toxico d'accepter votre point de vue et de se faire aider au nom de votre futur couple idéal ;

■ ■ ■ le nom d'une clinique, d'un gourou ou la formule magique qui garantit des résultats probants.

LA LISTE DE VOS ENVIES

Parmi les souhaits les plus souvent exprimés par les personnes qui aspirent à sauver les autres de la dépendance :

- répondre au besoin qui cause l'addiction chez le/la toxico — mais d'une manière saine ;

- aider le/la toxico à comprendre les émotions qui sont la cause de son addiction, et donc à mieux les contrôler ;
- trouver un traitement de désintoxication efficace ;
- faire comprendre au/à la toxico qu'il/elle a besoin d'un traitement ;
- comprendre à quel moment tout a dérapé.

Trois exemples parmi tant d'autres :

« *Mon petit copain est un type adorable qui ferait n'importe quoi pour moi, mais je n'arrive pas à le faire arrêter de boire. Je sais qu'il a eu une enfance épouvantable et j'ai beaucoup d'admiration pour le fait qu'il se soit pour ainsi dire élevé tout seul. Mais le soir, il ne peut pas s'endormir s'il n'a pas bu quelques verres et le week-end, il commence à boire dès midi. Il ne se rend pas compte que quand il a trop bu, il sort de ses gonds et que ça me fiche la trouille. Il ne m'a jamais touchée et il ne manque jamais le travail — deux points qu'il souligne à chaque fois que j'aborde le sujet —, mais j'ai bien peur que tout ça ne se termine très mal. Je ne crois pas qu'il ait déjà eu une relation sérieuse avant moi et je suis sûre qu'il va m'écouter, qu'il va comprendre que c'est important et que je l'aime. Mon but, c'est qu'il accepte de se faire soigner.* »

« *Mon frère aîné a toujours été mon meilleur ami, mais depuis qu'il est revenu de la guerre en Irak, il n'est plus comme avant. Il a été renvoyé chez lui parce qu'il buvait et prenait des drogues, et ça l'a rendu très amer. Il faut dire qu'il souffre du syndrome de stress post-traumatique (et je pense que prendre ces substances était pour lui une forme d'automédication). Depuis, il a fait plusieurs cures de désintox, mais il n'est pas bien accompagné et il n'a jamais réussi à arrêter pour de bon. Je ferais n'importe quoi pour qu'il aille mieux. J'ai décidé d'investir mes économies dans une désintox d'un mois dans une clinique privée et après, j'aimerais qu'il vienne vivre avec mon mari et moi. Vous imaginez bien que mon mari n'est pas très emballé par cette idée, d'autant plus que mon frère nous a volé des choses la dernière fois qu'il est venu nous voir. Quel qu'en soit le coût, je voudrais vraiment pouvoir aider mon grand frère qui lui, m'a toujours aidée.* »

« Ma femme est tout le temps après moi pour que j'arrête de boire. C'est vrai que j'aime boire quelques verres le soir au dîner, mais je suis certain de ne jamais dépasser mes limites. D'ailleurs, cela fait bien dix ans que je n'ai plus eu la gueule de bois et je fais toujours très attention quand c'est moi qui conduis. Ma femme est assez sensible sur ce point parce que ses parents étaient alcooliques, et je n'aime pas la rendre malheureuse, mais je travaille dur et si j'aime boire un bon vin le soir, je ne vais tout de même pas y renoncer juste pour lui faire plaisir. Mon but, c'est de lui faire comprendre que je ne suis pas alcoolique pour qu'elle se sente mieux et que je puisse continuer à jouir des bonnes choses de la vie. »

LAISSEZ VOS ÉMOTIONS DE CÔTÉ

Si vous mettez en avant votre amour ou n'importe quel autre sentiment puissant pour amener quelqu'un de dépendant à se désintoxiquer, vous n'obtiendrez généralement rien d'autre que des promesses en l'air et/ou de vilaines disputes (rappelez-vous le fameux

« *No! No! No !* » d'Amy Winehouse[3]). Donc, exprimez prudemment vos émotions quand vous voulez venir en aide à un addict.

L'histoire du crapaud malheureux qui finit par se transformer en prince charmant à force d'amour est très mignonne en tant que conte de fées, mais franchement risquée comme stratégie de vie. Parmi les nombreuses choses qui *n'ont pas le pouvoir de* guérir d'une addiction, l'amour — même inconditionnel, même mutuel — figure en bonne place (ça encore, c'est moche, mais c'est la vie). Et le fait de croire le contraire et de miser sur l'amour rédempteur de la Belle ne fait qu'empêcher la Bête de comprendre qu'elle doit se prendre en main elle-même.

Offrir le gîte et le couvert à un alcoolique dans le besoin n'est rien d'autre qu'une de ces bonnes intentions dont l'enfer est pavé. Certes, les personnes dépendantes ne méritent pas les problèmes et les dangers terribles qu'elles rencontrent, mais si vous ne

3 La chanson *Rehab* thématise le refus de la chanteuse face à ses proches qui lui demandaient de faire une cure de désintoxication — NdT

faites pas dépendre votre soutien de la sobriété non négociable de votre hôte, il ne changera rien à son comportement et vous (mais aussi votre conjoint, votre santé, vos finances, etc.) risquez d'en pâtir de façon cuisante.

RESTEZ COHÉRENT

Comprenez bien que tant que vous ne vous serez pas libéré(e) de votre propre tendance addictive à voler au secours des personnes dépendantes de votre entourage, et tant que vous n'aurez pas saisi la différence entre ce qui est acceptable et prudent et ce qui ne l'est pas, l'aide que vous leur apporterez ne pourra que renforcer leur dépendance. Tracez la limite à partir de laquelle vous allez quitter ou mettre à la porte l'addict qui ne fait rien pour s'en sortir. Déterminez les comportements liés à l'addiction qui doivent cesser — voler, s'assoupir à table, négliger ses devoirs de parent, etc. Décidez ce que vous devez faire face à ces comportements, faites-en part à la personne en lui exprimant vos regrets, et *préparez-vous à rester inflexible.*

Ne soyez pas avare de votre amour, mais sachez le protéger des addictions en tous genres — y compris de votre propre addiction à la charité, et évitez que vos sentiments ne stimulent des réactions émotionnelles exagérées.

Si la dépendance n'est encore qu'une éventualité et non un désastre réellement constaté, soyez prudent(e) avec votre diagnostic et vos réactions. Au lieu de demander à votre suspect(e) bien-aimé(e) d'arrêter de boire parce que vous vous faites des soucis, demandez-lui de faire le point sur ses propres critères concernant l'abus de substances toxiques et de se les appliquer à lui/elle-même. Évitez de débattre du nombre de fois où il/elle devra céder à son besoin de boire/se droguer, du nombre de gueules de bois et de cures de désintox à partir duquel il lui faudra reconnaître qu'il/elle a un vrai problème. Demandez-lui plutôt si sa consommation a déjà impacté son travail ou lui a déjà fait faire des choses qu'il/elle a regrettées par la suite. S'il/elle n'est pas sûr(e) de sa réponse, demandez-lui de rester abstinent(e) pendant quelques mois, histoire de comparer.

Renseignez-vous sur les possibilités de traitement, informez-vous chez les Alcooliques Anonymes, etc., mais n'oubliez pas qu'il n'existe pas de cure miracle et que le succès dépend en grande partie de la motivation de la personne elle-même.

En cas d'échec du traitement, conseillez-lui de se demander quelles sont ses motivations à redevenir sobre — sachant que « vous faire plaisir parce qu'elle veut continuer à vivre avec vous » compte pour du beurre —, et de garder ces motivations à l'esprit pour s'en servir comme tremplin. Et ne considérez pas une rechute comme un échec : tant que la personne fait réellement de son mieux, chaque jour de sobriété est un succès.

S'il ne vous est pas possible d'aider une personne dépendante, sachez reconnaître combien il est difficile d'aimer quelqu'un qui se met sans cesse dans le pétrin, avec qui la vie quotidienne est un défi permanent, et dont vous n'êtes pas sûr(e) qu'il/elle réussira à arrêter, à retrouver une bonne santé et à sortir grandi(e) de cette épreuve. Si vous arrivez à contrôler votre impulsion de vous dévouer corps et âme pour cette personne dépendante sans pour autant baisser les bras, vous parviendrez peut-être à l'aider réellement à s'en sortir. *Yes ! Yes ! Yes !*

DIAGNOSTIC EXPRESS

Ce que vous voudriez (mais faut pas rêver !) :

- être capable de vous faire entendre d'une personne dépendante, avec ou sans aide professionnelle ;
- avoir foi dans le traitement qu'elle suit ;
- progresser en communiquant spontanément ce que vous ressentez ;
- ignorer et l'angoisse, et les rechutes ;
- ne jamais vous retrouver dans un scénario catastrophe déclenché par l'addiction d'un proche.

Ce que vous pouvez réellement faire :

- accepter que le comportement addictif de l'autre est probablement inévitable et incontrôlable ;
- limiter votre sensation de responsabilité et les reproches que vous avez tendance à vous faire ;
- apprendre à modérer votre colère et vos faux espoirs ;
- faire de votre mieux sans vous sentir coupable si votre aide ne porte pas ses fruits ;

- savoir quand le moment est venu de vous séparer en sachant que vous avez fait de votre mieux.

Comment y parvenir :

- mettez-vous en quête d'outils permettant de gérer l'addiction rationnellement ;
- définissez ce qui doit changer, tant chez vous que chez la personne dépendante, pour que vous puissiez continuer à vivre sous le même toit dans les conditions actuelles ;
- faites à la personne des retours sur les comportements récurrents qui découlent de son addiction, assumez votre façon de considérer leur dangerosité, mais en vous tenant toujours aux faits et sans exprimer d'émotions négatives ;
- insistez pour que la personne dépendante se renseigne sur les possibilités de thérapie et donnez-lui à comprendre qu'une recherche patiente mènera tôt ou tard au succès, même s'il est vraisemblable qu'elle devra en passer par des rechutes ;
- prenez soin de vous — après tout, vous êtes le seul être au monde que vous puissiez sauver.

Ce que je vous conseille de dire ou d'écrire ■■■

■■■ à quelqu'un/vous-même si vous ressentez le besoin de le/la sauver de son addiction :

Cher/Chère [moi-même/ivrogne ou junkie adoré(e)/personne en qui j'avais autrefois confiance, mais qui a vendu ma chaîne hi-fi pour s'acheter de la came],

De moi-même, je n'aurais pas donné ma [vie/chaîne hi-fi/fortune] pour te sauver, mais à l'heure qu'il est, cette attitude risque fort de me coûter [la vie/ma chaîne hi-fi/ma fortune]. J'ai donc décidé de [mettre de l'argent de côté/changer les verrous de toutes les portes] et de te faire savoir que si tu veux continuer à vivre avec moi, tu dois [rester abstinent(e)/participer aux tâches ménagères/respecter juste quelques trucs somme toute assez raisonnables]. Bien sûr, je pense que certains traitements pourraient t'aider à y arriver, mais c'est à toi de savoir si tu veux ou non te faire soigner. Je te souhaite bonne chance.

L'ART DE PARLER ▪▪▪

▪▪▪ avec une personne dépendante

Ne dites pas ▪▪▪	Dites ▪▪▪
Ton addiction a de multiples conséquences sur moi.	Ton addiction a de multiples conséquences sur moi. La question, c'est « Quelle est celle qui compte pour toi ? »
Je n'en peux plus de te voir te détruire !	Tu n'es plus capable d'assurer ta protection (ni même de te laver les cheveux).
Je t'aime à la folie, mais ton addiction me rend malade.	Ton addiction va faire fuir les gens qui t'aiment et qui te font confiance et tu vas finir entouré(e) d'une troupe de gentils toxicos qui risquent de s'en prendre à toi un jour où tu seras trop dans le cirage pour t'en rendre compte.

Ne dites pas ■■■	Dites ■■■
Écoute ta mère, tu lui dois bien ça tout de même !	Essaie d'être à l'écoute de tes propres valeurs et expériences. Et arrête d'appeler ta mère chaque fois que tu es fauché(e) !
Voilà : nous t'offrons une cure de désintoxication.	Si tu n'as encore jamais fait de cure de désintox, c'est quelque chose qui peut t'apporter énormément, mais ça ne dépend que de toi. Si tu en as déjà fait une et qu'elle ne t'a rien apporté, demande-toi si tu es prêt(e) à faire un nouvel essai et à le faire à fond. Quoi qu'il en soit, si tu n'as pas l'intention de t'attaquer sérieusement à ton problème de dépendance, je me verrai obligé(e) de mettre fin à notre relation.

CHAPITRE 3

Voler au secours d'une victime d'injustice

TOUT LE MONDE A UN FAIBLE POUR LES VICTIMES d'injustices — ce qui est principalement dû au fait que tout le monde en a été une à un moment ou à un autre. Et si vous avez la chance exceptionnelle de n'avoir jamais été en position de faiblesse ni traité(e) de façon injuste, sans doute pensez-vous qu'il est d'autant plus de votre devoir de venir en aide à ceux dont c'est le lot, à la fois pour vous libérer de votre mauvaise conscience et pour vous permettre de rétablir un peu de justice.

Vous le voyez : voler au secours des malchanceux est un acte à la fois altruiste et égoïste, car en aidant quelqu'un de bien qui n'est pas traité comme il le mérite, vous avez la sensation de prendre tous deux une revanche sur une injustice personnelle et de changer un peu le monde. Non seulement vous faites quelque chose de bien pour la personne, mais aussi pour vous-même et pour l'univers tout entier.

Malheureusement, il est souvent difficile de faire le distinguo entre une histoire mélodramatique et la réalité, et les opprimés ne sont pas nécessairement tous de bonnes personnes. Et même si vous êtes sûr(e) qu'il s'agit d'un brave type/d'une brave fille réellement confronté(e) à l'iniquité (et même si vous avez raison de le penser), le fait de prendre sa défense risque de ne servir qu'à envenimer la situation et à embringuer d'autres personnes dans son malheur, y compris vous-même et vos proches.

Heureusement, vous pouvez vous protéger de votre tendance à vouloir secourir les victimes de l'injustice, tout en les aidant quand même. Cela exige de la force de caractère et de la patience, et s'avère souvent frustrant. Mais si vous vous sentez appelé(e) à aider les opprimés de ce monde, et si c'est effectivement possible et ne sert pas uniquement à satisfaire votre désir de passer pour une grande âme défendant la veuve et l'orphelin, vous devriez pouvoir vous rendre utile sans risquer de vous retrouver en fin de compte dans une sale situation.

TEST

Les pouvoirs magiques que vous aimeriez posséder pour protéger les victimes d'injustice ■■■

■■■ une amulette détectrice de mensonges vous permettant de distinguer les nobles victimes des menteurs sournois;

■■■ un canari enchanté qui vous dirait combien de nouvelles victimes vos généreux efforts risquent de produire;

■■■ une épée justicière qui défendrait les victimes réelles sans blesser son propriétaire ni les tiers innocents;

■■■ un Pégase qui vous emmènerait en un clin d'œil à votre prochain rendez-vous et mettrait fin à vos responsabilités envers les victimes que vous venez de secourir en ne laissant aucune trace.

LA LISTE DE VOS ENVIES

Parmi les souhaits les plus fréquemment exprimés par les personnes qui désirent secourir les autres :

- trouver une méthode efficace pour protéger les victimes sans déclencher de contre-attaque ;
- faire comprendre aux autres qu'une victime mérite qu'on l'aide et qu'on la respecte ;
- répandre la vérité sur qui a maltraité qui et pourquoi, et quelles conséquences catastrophiques et injustes cela a entraînées ;
- sentir que vous avez fait ce qu'il fallait faire.

Trois exemples parmi tant d'autres :

« *Notre responsable veut licencier l'un des meilleurs membres de notre équipe. C'est un collègue qui m'a beaucoup soutenue quand je suis arrivée dans la boîte, et il n'a pas mérité d'être traité de cette façon. Pour une raison ou pour une autre, notre responsable m'a à la bonne, mais elle n'aime pas quand je prends la défense de mon collègue. On dirait qu'elle croit qu'en le défendant, j'essaie de saper son autorité. Évidemment, je ne veux pas m'attirer d'ennuis. Mon objectif est de trouver un moyen de protéger un collègue sérieux de critiques injustifiées, voire au pire d'un licenciement.* »

« *Dans ma famille, tout le monde déteste ma compagne. Le problème n'est pas qu'elle ait déjà trois enfants de relations précédentes, mais que chacun ait un père différent et qu'elle n'en ait jamais épousé aucun. J'ai essayé de leur faire comprendre que ses trois ex la maltraitaient et qu'il faut plutôt la considérer comme une victime qui s'épanouit enfin parce qu'elle a fini par trouver quelqu'un qui l'aime et qui la traite bien. Elle a arrêté de se scarifier et m'a dit qu'elle ne prenait plus d'antidouleur. Je suis incroyablement fier d'elle. Ce que je veux, c'est que ma famille arrête de la traiter méchamment et de saper sa confiance en elle.* »

« *Je travaille à l'université où j'ai pour tâche de venir en aide aux étudiants qui ont des problèmes, qu'ils aient commis des choses illégales ou pas. Je pense que la relation positive que j'ai construite avec un des étudiants lui a fait du bien, car c'est un ancien enfant de la DDASS qui a besoin qu'on s'occupe particulièrement de lui. Mes collègues m'ont dit d'être prudent parce que les enfants qui ont été enlevés à leur famille d'origine ont souvent de gros problèmes. Par ailleurs, cet étudiant-là s'est déjà montré violent avec diverses familles d'accueil et il a cambriolé la maison de sa dernière professeure-référente pendant qu'elle était en vacances. Moi, je connais bien ce jeune et je crois qu'on lui fait porter le chapeau parce qu'il a eu une enfance tellement difficile que tout le monde s'attend au pire de sa part. Je suis décidé à lui accorder la confiance qu'il mérite.* »

ANALYSEZ FROIDEMENT LE PROBLÈME

Chercher à protéger des victimes d'injustices comporte de nombreux risques, notamment celui de devenir à votre tour victime de la violence de votre protégé(e). C'est pourquoi vous devez absolument évaluer les risques que vous prenez avant d'enfourcher votre cheval de justicier et de partir au grand galop sans savoir dans quoi vous vous lancez.

Pour commencer, renseignez-vous sur ce qui est arrivé aux autres redresseurs de torts qui se sont jetés dans la bataille avant vous. Vous verrez que souvent, ils auront eu des mésaventures, tombant selon les cas sur des méchants qui étaient dans les petits papiers du chef de département et du DRH, sur une jouvencelle désespérée qui a pourtant fini par retourner chez le voyou qui la frappait, sur un(e) protégé(e) qui a porté plainte contre eux, etc. Vous pouvez essayer de discuter avec vos prédécesseurs, mais ça risque d'être difficile, car il y a quelque probabilité qu'ils aient disparu de la circulation, atterri en prison, voire reposent prématurément entre quatre planches...

Vérifiez tous les faits avec le plus grand soin, même s'il est difficile de démêler les différentes versions contradictoires des épisodes précédents, car c'est indispensable pour vous permettre d'évaluer si la « victime » a réellement besoin d'aide et ce que votre soutien est susceptible de déclencher comme conséquences. Par exemple, ne vous lancez dans votre mission de sauvetage que si vous êtes sûr(e) que votre collègue a un dossier vierge au bureau des ressources humaines et qu'il y a une chance, même infime, que vos efforts puissent lui faire garder son poste — et, surtout, ne vous coûtent pas le vôtre !

Dans un deuxième temps, renseignez-vous sur le passif de l'ensemble des victimes innocentes, même si leur innocence ne fait à première vue aucun doute. Sans leur reprocher leur malchance récurrente, tâchez d'apprendre si celle-ci ne serait pas par hasard la conséquence de certains problèmes desdites victimes — une addiction, un sérieux problème psy, etc. Si c'est le cas, comprenez que votre intervention ne leur sera d'aucune utilité à long terme, sauf si elles admettent la nécessité de changer leur comportement. Méfiez-vous des histoires trop épouvantables pour être vraies, surtout lorsqu'elles se produisent à répétition. Ainsi, la mère célibataire de trois enfants de pères différents n'est peut-être pas une victime innocente, mais plutôt une personnalité instable qui retire son amour aussi vite qu'elle l'a accordé.

Par ailleurs, rememorez-vous les autres priorités de votre vie. Vous avez des obligations envers certaines personnes de votre entourage et envers vous-même — au minimum, vous êtes responsable de votre autonomie, de votre sécurité et de votre stabilité — même si pour votre ego, tout cela n'est pas aussi sexy qu'une croisade pour le Bien. Ne vous jetez dans aucune croisade de ce type avant d'être certain(e) que votre rôle de justicier(-ère) ne menace pas votre aptitude à remplir vos devoirs envers vos proches, car de même que la jouvencelle désespérée évoquée plus haut, l'adolescent incompris pourrait bien se muer tout d'un coup en petit salopard qui ne cherche qu'à vous piquer votre ordinateur portable ou votre voiture. Sachez que, par définition, les connards (voir *F*ck les connards* dans la même collection) se considèrent toujours eux-mêmes comme des victimes, ce qui induit nécessairement que certaines soi-disant victimes d'injustice sont en réalité des connards. Alors prudence !

Désolés de peut-être vous décevoir, mais les véritables occasions de venir en aide à des victimes d'injustice sont limitées. En revanche, soyez sélectif(-ve) et prudent(e), et vous augmenterez vos chances d'intervenir efficacement. Reconnaissez combien il est important que vous contrôliez les faits, même si cela s'avère ardu, souvent désagréable, et rarement aussi gratifiant que de jouer les redresseurs de torts.

Étant donné l'évidente injustice de la vie, si vous ne pouvez apporter aucune aide concrète, vous ferez déjà une B.A. en honorant les victimes qui refusent de renoncer à leurs valeurs morales et à leurs priorités alors qu'elles savent pertinemment que personne ne viendra à leur rescousse.

DIAGNOSTIC EXPRESS

Ce que vous voudriez (mais faut pas rêver !) :

- savoir à coup sûr qui mérite vraiment d'être pris sous votre aile et à qui votre protection bénéficiera vraiment ;
- détenir le pouvoir de protéger ceux qui le méritent ;
- disposer des moyens nécessaires pour vous protéger de la vengeance ;
- être en mesure de protéger des gens de leur propre faiblesse pour les empêcher de se mettre à répétition en position de victime.

Ce que vous pouvez réellement faire :

- vous donner les moyens d'aider les personnes dans le besoin ;
- savoir évaluer une situation complexe en vous prémunissant des (trop) bonnes intentions ;
- accepter le cas échéant qu'il ne soit pas en votre pouvoir d'aider qui que ce soit ;

- ne pas perdre de vue vos priorités personnelles malgré votre besoin de jouer les justiciers;
- respecter les gens qui subissent des injustices, quelle qu'en soit la raison.

Comment y parvenir :

- apprenez à collecter efficacement les faits tangibles;
- évaluez précisément les risques, notamment les risques induits par les comportements nuisibles de certaines victimes;
- évaluez tout aussi précisément les risques d'escalade ainsi que de vengeance;
- accordez votre respect à ceux qui subissent des injustices, que vous puissiez ou non y remédier.

Ce que je vous conseille de dire ou d'écrire ■ ■ ■

■ ■ ■ si vous êtes tenté(e) de voler au secours d'une personne victime d'injustice :

Cher/Chère [moi/victime d'injustice/victime de méchancetés],

Je serais enchanté(e) de te venir en aide après les attaques injustes que tu as subies de la part [de ton chef/ de ton ex/ de la rumeur urbaine/du fisc], mais je ne dois pas oublier que [je dois aussi gagner ma vie/je suis susceptible d'être l'objet du même type d'attaque vile et basse/tu as toujours été très habile pour te faire des ennemis]. Je vais me renseigner sur ce qui s'est passé et sur la probabilité que cela se répète, tout en essayant de voir si je peux faire quelque chose et de [me faire tout(e) petit(e)/changer de nom/gagner le prix Nobel de pure vertu/faire en sorte que ça ait l'air de venir de quelqu'un d'autre]. Même si je ne peux pas t'aider, j'ai de l'estime pour ta capacité à rester concentré(e) sur tes objectifs et sur tes valeurs sans te laisser distraire par [la malchance/tes choix funestes/ton horoscope décourageant].

CHAPITRE 4

Les Casques bleus du quotidien

LES PERSONNES QUI CONTRIBUENT À RAMENER la paix entre deux ennemis bénéficient de longue date d'une bonne réputation, d'autant que la plupart des conflits s'accompagnent d'un cortège de souffrance et ont tendance à dégénérer, faisant ressortir le pire des parties en présence.

Si les adversaires sont suffisamment puissants (par exemple l'Inde et le Pakistan, Godzilla et Mothra, le Bayern Munich et le PSG, etc.), une mission de paix couronnée de succès peut certes s'avérer excitante, mais elle comporte aussi toujours des dangers et risque parfois de faire durer le conflit. Il n'est donc pas inutile que les faiseurs de paix se munissent d'un bon gilet pare-balles.

Lorsqu'on s'implique trop dans les querelles d'autres personnes, on peut finir par se sentir responsable de tout ce qu'elles disent et font. On se retrouve alors à souffrir de leurs migraines, et les adversaires ont trouvé une bonne poire à qui se plaindre.

Par ailleurs, un conciliateur missionné pour mettre fin à un conflit de longue date peut avoir tendance, pour apaiser les esprits, à minimiser d'anciens griefs tenant toujours à cœur à certaines personnes. Ceci risque donc de donner une nouvelle jeunesse à de vieux différends, si l'un des belligérants relance le conflit en apportant de nouvelles preuves, en se portant en justice, voire en reprenant les violences de plus belle.

Au bout du compte, il y a fort à parier que les parties en conflit ne tombent d'accord que sur un point, à savoir qu'elles vous détestent toutes les deux (tant il est vrai que « la canaille se raccommode aussi vite qu'elle se chamaille »...). Mais si vous n'êtes pas trop sensible et si vous survivez à cet accord, vous pouvez alors considérer votre mission comme accomplie.

N'essayez donc pas de négocier la paix, juste parce que vous avez trop bon cœur et que vous voulez aider les autres à vivre en bons termes. Avant de pénétrer dans la zone de combat, veillez à modérer votre désir de paix et apprenez les techniques nécessaires avant de décider quels conflits méritent votre intervention et desquels il vaut mieux que vous restiez éloigné(e).

Apprenez à laisser la responsabilité à sa bonne place, c'est-à-dire jamais trop près de vous. Et si le conflit s'enlise, occupez-vous plutôt de choses plus sensées (apprenez le point de croix, je ne sais pas, moi...) !

TEST

Quelques talents de conciliateur(-trice) dont vous aimeriez être pourvu(e) ■ ■ ■

■ ■ ■ une présence calmante et charismatique qui donne envie à tout le monde d'obtenir votre assentiment quand vous leur dites « faites-le pour moi » ;

■ ■ ■ un don d'empathie si fort que les ennemis ne ressentent plus le besoin d'obtenir satisfaction, car vous avez pour ainsi dire « absorbé » leurs griefs et leur souffrance ;

▪ ▪ ▪ la capacité de convaincre les belligérants des avantages mutuels que la paix leur apporterait, alors que leur seul intérêt actuel est de se combattre sans pitié ;

▪ ▪ ▪ des biceps tellement forts que vous pourriez facilement cogner leurs deux crânes l'un contre l'autre.

LA LISTE DE VOS ENVIES

Parmi les souhaits les plus fréquemment exprimés par les personnes qui souhaitent mettre fin aux disputes :

- protéger les combattants et leurs familles des conséquences douloureuses d'un conflit ;
- mettre fin aux désaccords qui divisent et affaiblissent les familles et autres communautés humaines pour leur permettre de fonctionner plus efficacement ;
- résoudre un problème dont ils se sentent responsables, mais dont ils ne peuvent se sortir sans aide extérieure ;
- convaincre les adversaires de s'asseoir autour d'une table et de rechercher une solution à leur conflit, quelle qu'en soit la difficulté.

Trois exemples parmi tant d'autres :

« *Contrairement à la plupart des enfants, j'ai été enthousiaste quand mes parents ont divorcé parce qu'ils se disputaient tout le temps et que la vie avec eux était un véritable enfer. Depuis leur divorce (miraculeusement pacifique), je me sens bien avec mes deux parents, car lorsqu'ils sont séparés, ils sont gentils et aimants. Mais aujourd'hui, je suis père à mon tour et ils ne sont toujours pas capables de se voir sans se disputer, ce qui fait qu'il me revient la tâche impossible de partager parfaitement équitablement les vacances, les anniversaires, etc. de leurs petits-enfants. Ils n'arrêtent pas de dire que je les désavantage au profit de l'autre, au lieu d'apprendre enfin à se taire et être capable de se supporter quelques heures de temps en temps pour l'amour de mes enfants. Il m'arrive de me demander si je ne devrais pas leur proposer de faire une thérapie de couple. Ce que je voudrais, c'est qu'ils se rencontrent, fassent la paix et mettent de côté leurs rancunes pour que tout le monde profite des fêtes de famille sans que personne ne se sente exclu.* »

« *Parmi mes collaborateurs, il y en a deux qui font un travail formidable, mais qui ne peuvent pas s'empêcher de se disputer. Comme ils n'ont absolument rien en commun, chacun trouve que les questions et les requêtes de l'autre sont soit stupides, soit présomptueuses, et ils viennent s'en plaindre à moi. J'ai demandé de l'aide aux responsables des ressources humaines, mais la médiation n'a rien donné. J'aimerais diriger mes équipes en gardant toujours ma porte ouverte, mais ces deux-là profitent de toutes les occasions pour venir me raconter en long et en large tout ce que l'autre fait de mal. Mon objectif, c'est qu'ils se sentent bien tous les deux au sein de l'équipe.* »

« *Ma meilleure amie se comporte de manière dure et autoritaire envers son fils adolescent et je n'arrive pas à lui en faire prendre conscience. Elle le considère comme un menteur effronté parce qu'il lui dit souvent qu'il a fait ses devoirs alors que ce n'est pas vrai. Moi, je trouve que c'est un gamin sympa et brillant, qui souffre peut-être de trouble de déficit de l'attention, et qui du coup ment parce qu'il a peur de ses réactions. Quand j'essaie de lui dire qu'elle va trop loin avec ses critiques, elle me répond que ça ne me regarde pas et que j'essaie de saper son autorité parentale. Mon but est de l'aider à éviter de faire de graves erreurs, de traumatiser son fils et de détruire leur relation.* »

DÉLIMITEZ VOTRE TERRAIN D'ACTION

Après avoir mûrement réfléchi aux risques que comporte la conciliation en général (et avoir rendu hommage aux Casques bleus qui vous ont précédé(e) et sont morts prématurément au champ d'honneur), votre mission, si vous l'acceptez, est de définir à l'intention des adversaires en présence des objectifs 100 % positifs, 100 % professionnels et 100 % susceptibles d'améliorer le bonheur et le bien-être des deux parties. En évitant soigneusement de devenir leur nouvelle cible — mutuelle cette fois-ci.

Demandez à chacun des belligérants d'évaluer, avec votre aide, dans quelle mesure les inconvénients du conflit pèsent plus lourd que ses avantages, en prenant en compte l'impact des sanctions à long terme, des représailles et des conséquences imprévues. Bien sûr, il est plus immédiatement satisfaisant d'exprimer sa colère et de dire ses quatre vérités à l'ennemi que de faire l'effort de revenir à la raison (et il arrive même parfois que cela entraîne les changements espérés). Mais insistez quand même pour que les adversaires gardent les pieds sur terre, se souviennent de ce qui s'est réellement passé, et prennent conscience des conséquences néfastes qui risquent de se produire. Ce n'est qu'une fois qu'ils auront fait ce travail que vous pourrez leur proposer votre aide pour ramener la paix, s'ils pensent tous deux que c'est là leur intérêt.

Même si cela ne correspond pas à l'esprit positif de votre mission, n'excluez pas l'éventualité de fixer d'une part des limites (dans le but de vous protéger, vous), et d'autre part de prévoir des sanctions si le conflit ne cesse pas (qu'il s'agisse des visites des grands-parents ou de l'évaluation des performances de vos collaborateurs). Ce faisant, vous exprimerez clairement votre chagrin face au malheur des protagonistes, tout en affirmant votre volonté de sévir s'ils ne sont pas capables de se comporter un minimum correctement.

Toutefois, exprimez clairement que les limites et les pénalités que vous imposez constituent une nécessité malheureuse et non une volonté de votre part de critiquer, ni d'affirmer ou d'imposer un quelconque pouvoir. Et que si le conflit finit par être résolu, et que les grands-parents ou collaborateurs parviennent à garder pour eux leurs émotions et leurs opinions, vous serez on ne peut plus ravi(e) de lever les sanctions.

Si l'une des parties est nettement plus agressive que l'autre, ne protégez pas l'opprimé(e) (voir chapitre ci-dessus), car cela impacterait négativement le processus de paix. Faites plutôt comprendre à l'oppresseur qu'attaquer un ennemi qu'il considère comme inférieur peut se retourner de multiples façons contre lui, par exemple en déclenchant une résistance passive ou une contre-attaque de la part d'autres personnes se sentant également menacées. Ainsi, dans le cas de la mère critique, au lieu de remettre en cause son amour envers son fils peu performant à l'école, dites-lui plutôt que vous craignez que sa façon véhémente de s'exprimer ne conduise ses relations avec son fils dans une impasse et ne le bloque totalement à l'école. Si elle tombe d'accord avec vous, vous pouvez vous mettre à lui faire des suggestions.

Présentez clairement des méthodes permettant de réduire les hostilités sans demander aux adversaires de surmonter leur sensation d'injustice. Vous ne voulez pas qu'ils arrêtent de se détester, mais simplement qu'ils expriment leurs émotions sans agression, verbale ou autre. Expliquez-leur quels comportements leur permettront d'échapper aux sanctions — qu'elles émanent de vous ou de tiers. Et faites-leur comprendre que s'ils acceptent, cela ne signifie pas qu'ils renoncent à leur cause, mais seulement qu'ils ont décidé d'aller de l'avant autrement qu'en mode conflit.

Quel que soit votre désir de ramener la paix, résistez à la tentation d'étendre vos responsabilités au-delà de l'offre que vous leur avez faite au début : il ne sert à rien de prendre parti (ni de faire semblant) et il est épuisant d'écouter des gens se plaindre. Vous aurez rempli votre mission en leur présentant des réflexions objectives sur les risques d'un conflit et en les poussant à limiter les hostilités. Si vous en faites plus, vous risquez fort de faire des dégâts.

Et si vous n'obtenez pas de résultat, ne faites de reproches à personne — ni à vous-même ni à autrui. Les bonnes idées ont souvent besoin de temps pour se frayer un chemin jusque dans les esprits (surtout les esprits échauffés par la colère), et certaines personnes peuvent avoir des raisons de se battre que vous ne pouvez pas comprendre. Ne vous attendez pas à pouvoir ramener la paix à chaque fois que vous essayez, mais reconnaissez-vous le mérite de faire ce que vous pouvez dans ce sens.

DIAGNOSTIC EXPRESS

Ce que vous voudriez (mais faut pas rêver !) :

- être capable de résoudre les injustices;
- détenir le pouvoir d'imposer une solution juste ou de faire cesser des comportements dommageables;
- être si habile en communication qu'à la fin, vos interlocuteurs font de bonne grâce ce qui est bon pour eux;
- avoir assez de patience pour ne pas vous laisser affecter ou contrarier par les querelles des autres.

Ce que vous pouvez réellement faire :

- veiller à ce que vos émotions négatives n'attisent pas davantage les hostilités;
- trouver des arguments qui montrent que la paix coûte moins cher que la guerre;
- y ajouter vos propres sanctions/limites, dans la mesure où vous en avez le pouvoir;
- ne pas vous sentir responsable des griefs ni des disputes ;
- veiller à assurer votre protection.

Comment y parvenir :

- restez toujours poli(e), quelles que soient vos émotions réelles ;
- restez positif(-ve) et concerné(e), mais n'écoutez les doléances ni des uns ni des autres ;
- sachez promouvoir la paix efficacement, notamment en évoquant les conséquences désagréables dont tout le monde sera libéré une fois qu'elle sera instaurée ;
- si les gens ne veulent pas la paix, sortez-vous de la ligne de tir ;
- comme toujours, reconnaissez la valeur de vos efforts, quels qu'en soient les résultats.

Ce que je vous conseille de dire ou d'écrire ■ ■ ■

■ ■ ■ si vous souhaitez négocier la paix entre deux parties en conflit :

Cher/Chère/Chers [moi/personne lésée à répétition/ personne injustement traumatisée /adversaires qui se détestent cordialement],

J'aimerais vous aider à vous sentir mieux, mais l'expérience m'a appris qu'écouter [n'est jamais utile plus de cinq minutes/me donne une migraine qui dure des heures/convient mieux à la musique qu'aux campagnes de dénigrement] et je trouve de toute façon qu'il vaudrait beaucoup mieux que vous arrêtiez [de déraper verbalement/de vous mépriser mutuellement/ de colporter des rumeurs l'un sur l'autre/de vous descendre mutuellement sur Facebook]. J'ai préparé [une proposition/une présentation PowerPoint/un mémo] détaillant les avantages et les inconvénients de la paix, avec mes coordonnées pour le cas où vous decideriez d'enterrer la hache de guerre. Dans tout autre cas de figure, inutile de m'appeler, mais sachez que je continue à vous souhaiter bonne chance.

CHAPITRE 5

Être utile à l'humanité souffrante

QUELLE QUE SOIT LA QUANTITÉ DE SACRIFICES — d'ordre personnel, financier, voire hygiénique — que requiert l'amour du prochain, le fait de donner procure généralement suffisamment de plaisir pour brouiller la frontière entre égoïsme et altruisme.

Même ceux qui, sacrifiant leur santé et leur bien-être, donnent de leur personne jusqu'à atteindre littéralement le seuil de la douleur sont d'avis que cette douleur contient en elle sa propre récompense. L'histoire de l'humanité abonde en souffrances utilisées dans un but expiatoire — qu'il s'agisse des moines qui se flagellaient au Moyen Âge ou des scarifications que s'infligent certains ados aujourd'hui.

Tandis que la plupart des gens se satisfont d'obtenir, en récompense de leurs bonnes actions, un remerciement, quelques paroles amicales ou un cadeau publicitaire collector, il y en a toujours quelques-uns qui sont au contraire d'avis que le fait de tomber malade pendant qu'ils s'emploient à soigner des malades les guérit de la honte d'être venus au monde en bonne santé. Ceux-là préfèrent choper le tétanos plutôt que de gagner un gadget marketing, même cultissime.

Si donner sans compter permet de se sentir bien, pour *bien donner* il faut savoir prendre certaines décisions moins exaltantes qui tiennent compte de vos propres besoins, de vos ressources, des obligations que vous avez par ailleurs, mais aussi du risque que votre don, au lieu d'être utile, n'aggrave la situation. Bien donner est aussi égoïste qu'altruiste, et la qualité d'un don ne se mesure pas au sacrifice qu'il nécessite ni aux plaisirs qu'il apporte, mais à son *efficacité objective*.

C'est pourquoi, avant de répandre vos bienfaits parmi l'humanité souffrante, il vous faut établir un plan selon vos valeurs, y compris celles qui se contredisent l'une l'autre, car vos ressources ne sont pas illimitées.

Si vous savez résister à l'ivresse que déclenche le fait de venir en aide à des personnes qui en ont véritablement besoin, et examiner les particularités de chaque cas individuellement, vous constaterez heureusement que donner ne comporte pas des dangers infinis, mais quelques risques que l'on peut aisément évaluer et gérer.

TEST

Quelques talents de bienfaiteur(-trice) dont vous aimeriez être pourvu(e) ■ ■ ■

■ ■ ■ un compte en banque aussi rempli que celui de Bill Gates ou de Liliane Bettencourt ;

■ ■ ■ un système immunitaire (et un appareil digestif) béton ;

■ ■ ■ le don de vous occuper de vos enfants tout en sauvant le monde ;

■ ■ ■ suffisamment de recul pour être sûr(e) que la gratitude et l'admiration que les gens vous portent pour les efforts que vous faites ne nuisent pas à leur propre image risquant ainsi de déclencher en réaction des sentiments de jalousie destructeurs.

LA LISTE DE VOS ENVIES

Parmi les souhaits les plus fréquemment exprimés par les personnes qui aimeraient soulager l'humanité :

- consacrer leur vie à quelque chose d'utile ;
- venir en aide aux personnes qui en ont le plus besoin ;
- venir en aide surtout aux parias de notre monde ;
- échapper au manque de sens d'une existence consacrée à la recherche du plaisir immédiat.

Trois exemples parmi tant d'autres :

« *En tant que chrétien, j'accorde une place importante à la charité et au travail bénévole dans ma vie. Pour moi, le fait d'aider des personnes pauvres, malades et rejetées par la société est non seulement une façon d'œuvrer au nom de Dieu, mais aussi de faire quelque chose qui me remplit de bien-être. Pourtant, récemment, ma foi a été mise à rude épreuve. J'ai en effet engagé un des hommes qui vient régulièrement prendre son repas à l'église pour qu'il fasse quelques travaux de peinture chez moi. Il avait toujours été aimable, bien qu'un peu absent. Mais après son départ, je me suis rendu compte que la serrure d'une armoire avait été forcée et que plusieurs bijoux de mon épouse avaient disparu. D'une part, je voudrais lui pardonner dans l'espoir que cela lui redonne foi en l'humanité, mais en même temps je suis d'accord avec ma femme pour dire que ce type est tout simplement un voleur et que je devrais prévenir la police. Ce que je souhaite, c'est pouvoir venir en aide aux personnes qui en ont réellement besoin sans risquer de sacrifier les bijoux qui symbolisent l'amour que je porte à ma femme.* »

« *Tout ce qui a trait aux animaux me plaît, car je les trouve beaucoup plus sympathiques que les êtres humains. J'en prends donc régulièrement en pension pour aider la SPA locale, et je suis toujours prêt à adopter des animaux abandonnés ou maltraités. Mais depuis quelque temps, mes amis se plaignent de ne plus pouvoir venir me voir parce qu'il y a des chiens et des chats partout dans la maison, et des voisins ont porté plainte, affirmant qu'ils trouvaient l'odeur insupportable. Je pense qu'ils exagèrent tous et qu'ils disent ça seulement parce que j'ai quelques chats non castrés et que certains de mes chiens sont des pit-bulls. Mon but est d'être utile aux animaux et de réparer les dégâts dus à la cruauté humaine.* »

« *Comme je trouve que je mène une vie égoïste, confortable et aisée dans un pays riche, avec un luxe inouï à portée de main, j'ai toujours tenu à passer chaque année quelques semaines de bénévolat dans un pays en développement. L'an dernier, j'ai tellement apprécié mon séjour que j'ai commencé à me demander si je ne devais pas essayer de me faire embaucher dans une ONG. Malheureusement, mon compagnon dit que ce ne serait pas bon pour notre relation (il est content là où il travaille et il est d'avis que faire l'aumône de temps en temps suffit largement) ni pour ma retraite. Mon objectif, c'est de trouver un moyen de faire quelque chose d'utile et d'important pour le monde, sans pour autant perdre ce qui est important dans ma vie personnelle.* »

ÉVITEZ DE VOUS DÉVOUER CORPS ET ÂME

Il y a quelque temps, un philanthrope de Boston a évalué l'efficacité d'organisations caritatives en interviewant leurs concierges, partant du principe qu'un concierge est à son entreprise ce qu'un canari est à une mine de charbon, c'est-à-dire le mieux à même de témoigner si l'entreprise parvient à respecter ses valeurs et à se fixer les bonnes priorités.

Avant d'aller vous occuper de grands malades potentiellement dangereux, demandez-vous quelles sont vos obligations envers vous-même et envers les personnes qui dépendent de vous. Car si vous vous engagez pour des raisons sentimentales et sans prendre en compte ce genre de considérations, vous risquez de vous exposer à des dangers, vous et vos proches, sans pour autant être notablement utile en contrepartie. Avant de partir du principe que vous ne donnez pas assez, déterminez précisément la mesure de l'aide que vous êtes *réellement* capable de fournir. Si vous volez au secours de tous les nécessiteux qui passent, qu'il s'agisse d'êtres humains ou d'animaux, sans avoir au préalable évalué les moyens dont vous disposez, vous serez bientôt le plus nécessiteux de tous et finirez par vous mettre tout le monde à dos.

Avant de vous consacrer à la charité à plein temps, évaluez également l'importance de vos relations, car vous ne pourrez plus leur accorder autant de temps ni d'énergie qu'avant. La plupart des liens étroits exigent un certain niveau d'engagement et d'attention, et si vous investissez trop dans vos croisades caritatives, vous risquez vite de vous retrouver assez seul(e).

Être quelqu'un de bien ne signifie pas que vous deviez exercer un métier caritatif ni donner tout votre temps aux indigents. Être quelqu'un de bien signifie bien se comporter envers ses amis et sa famille, ainsi que travailler dur et honnêtement pour gagner sa vie. Si vous gardez ces critères à l'esprit pendant que vous essayez de faire le bien à travers le vaste monde, vous parviendrez à vous rendre utile aux malheureux sans pour autant abandonner vos proches.

DIAGNOSTIC EXPRESS

Ce que vous voudriez (mais faut pas rêver !) :

- disposer de suffisamment de moyens pour ne pas être obligé de déshabiller Pierre pour habiller Paul;
- être sûr(e) que les gens ne feront pas mauvais usage de ce que vous leur donnez;
- être sûr(e) que le fait de venir en aide à des membres d'une société financièrement moins bien lotie ne risque pas de déclencher des jalousies ni d'avoir d'autres répercussions négatives sur leur culture;
- ne pas devoir craindre de disséminer ou d'attraper de nouvelles bactéries indésirables.

Ce que vous pouvez réellement faire :

- éviter les actions caritatives inutiles ou nocives en vous préparant sérieusement en amont;
- ne pas répéter ce qui s'est déjà avéré inutile;
- faire changer les choses pour un grand nombre de personnes;

- apprendre à maximiser l'impact de votre action sans dilapider vos moyens ;
- minimiser les dégâts et autres conséquences fortuites.

Comment y parvenir :

- déterminez ce qui est le plus utile ;
- définissez-en une quantité nécessaire et suffisante, plutôt que la quantité idéale ;
- faites en sorte d'en tirer le maximum ;
- identifiez les personnes qui en manquent le plus ;
- maximisez le nombre des personnes qui y ont déjà accès ;
- soyez vigilant(e) sur les inconvénients éventuels.

Ce que je vous conseille de dire ou d'écrire ■■■

■■■ si vous-même/quelqu'un que vous aimez souhaite donner de sa personne pour réduire la misère du monde :

Cher/Chère [moi/conjoint/mendiant désespéré/« exténués qui en rangs serrés aspirent à vivre libres »[4]],

Je suis prêt(e) à sacrifier [beaucoup de temps/mon argent/ma collection de DVD] pour rendre notre monde plus vivable, mais je n'aspire pas à la gratitude d'une communauté de gens [qu'il n'était peut-être pas si urgent que cela d'aider/qui ont certes besoin d'aide, mais témoignent leur reconnaissance en propageant des amibes inconnues/qui ne valent pas que l'on perde son conjoint ni son compte en banque pour eux]. Je vais donc évaluer tranquillement les besoins et ne me laisserais pas distraire par [les supplications stridentes/

4 Extrait du sonnet *Le Nouveau Colosse* d'Emma Lazarus, dont le texte est gravé sur le socle de la statue de la Liberté (auteur de la traduction inconnu) — NdT.

les histoires mélodramatiques/les guenilles pathétiques]. J'apprendrai plutôt à rationner mes ressources et à évaluer l'impact de mon action, et m'enorgueillirai de fournir ce qui est nécessaire et inaccessible par ailleurs au plus grand nombre et au moindre coût.

SAVIEZ-VOUS ■■■

■■■ que les métiers du social ont leur côté obscur ?

Si vous vous faites du mouron pour l'avenir de vos enfants, vous feriez bien de vous inquiéter tout particulièrement s'ils veulent embrasser une carrière dans le secteur social. Pourtant, me direz-vous, une formation dans le social fera d'eux des personnes hautement utiles et, par la même occasion, des *enfants parfaits*...? Après tout, ils apprendront à écouter avec attention ce que vous avez à dire, voudront connaître vos sentiments, et vous n'aurez plus jamais à leur demander de descendre les poubelles, de rentrer à une heure décente, ni à vous inquiéter qu'ils ne prennent des drogues. Peut-être, mais du coup, sachez qu'ils accorderont la même attention à des drogués qu'ils se sentiront obligés d'aider — en plus de toutes sortes d'arnaqueurs, de criminels, d'éboueurs, etc.

Et pourquoi ? Parce que les écoles du social ne les auront pas préparés à dire non aux personnes à qui il faut le dire, ni à être sensibles aux mauvais instincts chez les gens bien, ni à discipliner leurs pulsions altruistes, ni à défendre leurs propres intérêts. Elles auront même, ces écoles, fortement encouragé quelques-unes des pires faiblesses que l'on puisse avoir dans les métiers de conseil (et, oui, c'est vrai : cela concerne aussi les psys), comme écouter de façon impartiale, être empathique ou se mettre en quatre pour les personnes dont on a la charge. Et tout cela amènera nos croisés du social à se faire rouler dans la farine, à encourager (oh ! bien involontairement) les faiblesses d'autrui, et les empêchera d'atteindre les objectifs pour lesquels ils avaient justement choisi cette voie.

La triste ironie de la chose est que le travail social attire souvent des gens bien, animés des meilleures intentions, qu'il confronte à des crapules animées, elles, des pires intentions et, dans le meilleur des cas, fait perdre aux premiers leur foi en l'humanité lorsqu'ils se rendent compte qu'ils ont travaillé avec acharnement pour aider des crapules à s'enfoncer dans leurs turpitudes. Dans le pire des cas, ils ne se rendent jamais compte du moment où ils ont été entraînés du côté obscur et en veulent au monde entier au nom de leurs victimes-clients. Au moins jusqu'au moment où on les licencie, les budgets ayant été réduits (car ce sont toujours les travailleurs sociaux qu'on licencie en premier).

Bien sûr, il existe de nombreux travailleurs sociaux qui excellent dans leur métier parce qu'ils ont développé, avec l'expérience, une finesse de perception qu'aucune école n'aurait pu leur enseigner. Mais même dans ce cas, les métiers du social sont souvent ingrats, mal payés et déprimants. Être travailleur social, c'est un peu comme être bonne sœur ou faire le clown dans un supermarché pour une opération commerciale : tous ces gens ont embrassé un métier qui récompense le sacrifice par d'autres sacrifices, et en conséquence, ils n'ont généralement d'autre choix que de vivre dans la pauvreté, porter des vêtements pourris, et traverser de longues périodes de morne célibat. La plupart de ceux qui ne démissionnent pas finissent par concevoir un tel mépris pour les gens qu'ils sont censés aider qu'ils se défoulent en frappant les enfants à coups de règles (ou en s'adonnant à d'autres comportements misanthropes).

Aider autrui est un objectif noble, mais qui, pour qui n'est pas doté d'un solide instinct d'autoprotection, peut faire plus de mal que de bien. Bien sûr que vous souhaitez que vos enfants aident les autres — mais sans doute pas de cette façon.

Ne vous oubliez jamais

Le souhait de venir en aide à autrui est un puissant élément de motivation, ainsi qu'une source d'estime de soi, et il peut s'appliquer à différents niveaux d'interaction humaine, du plus domestique — faire plaisir à un parent ou mettre fin à un conflit opposant des personnes que vous aimez — au plus ambitieux : changer le monde. Mais, quel que soit le niveau, le souhait d'aider autrui peut facilement se retourner contre vous s'il n'est pas réaliste et/ou si vous n'avez pas analysé soigneusement les risques potentiels de votre action. Si vous acceptez qu'il est parfois impossible de venir en aide à autrui, vous saurez vous rendre plus utile, même si ce que vous pouvez faire de plus utile est parfois… rien ! Le véritable dévouement procure souvent bien peu de satisfaction, mais si vous avez pris le temps d'évaluer ce que vous allez faire, et si vous considérez le fait de fournir une aide réelle comme plus important qu'obtenir la satisfaction de vos fantasmes de saint-bernard, alors vous vivrez selon vos idéaux et ferez ce qu'il faut.

Dans la même collection

Dr Michael Bennett
Sarah Bennett
F*CK
LE DÉVELOPPEMENT PERSONNEL
MANUEL DE SURVIE
QUAND VOS DÉFAUTS
VOUS GÂCHENT LA VIE
F*CK
L'INJUSTICE
MANUEL DE SURVIE
QUAND UN TRUC
VOUS RESTE
EN TRAVERS DE LA GORGE
Dr Michael Bennett
Sarah Bennett
F*CK
L'ESTIME DE SOI
MANUEL DE SURVIE
QUAND ON
NE SE SENT PAS
À LA HAUTEUR
Dr Michael Bennett
Sarah Bennett
F*CK
LA COMMUNICATION
MANUEL DE SURVIE
QUAND LE DIALOGUE
EST AU
POINT MORT